100 FAITS
INCROYABLE POUR
LES ENFANTS
CURIEUX

Une collection hilarante de curiosités et de faits étranges et absurdes à connaître absolument.

PRESENTATION

Ce livre fait partie de la série **WORLD STORIES ENCYCLOPEDIA** , un important projet éditorial spécialisé dans les publications pour enfants et adolescents, et adapté aux curieux de tous âges.

La série comprend divers livres avec une sélection fascinante d' **histoires incroyables, de faits et de curiosités sur le football, divers sports, les animaux, la nature et la science.**

Le tout créé avec l'aide et les conseils d' **experts du secteur** pour toujours fournir des informations et un contenu de haute qualité.

Ce qui est encore plus intéressant, c'est qu'à travers ces livres, les enfants et les adolescents perfectionneront leurs capacités cognitives et logiques simplement en s'amusant.
Quoi de plus beau ?

Bonne lecture et amusez-vous les amis.

L'incroyable danse des étoiles

Au cœur de la Voie Lactée se trouve un groupe stellaire connu sous le nom d'« Amas Omega Centauri », l'une des formations les plus massives et les plus spectaculaires de notre galaxie. Comptant des centaines de milliers d'étoiles, cet amas est une véritable symphonie cosmique en mouvement.

Les étoiles de ce groupe ne suivent pas le modèle orbital typique comme celui de notre Soleil autour du centre galactique ; au contraire, ils dansent de manière imprévisible. Ils se rapprochent et s'éloignent les uns des autres dans un ballet stellaire complexe et fascinant, générant une explosion d'énergie et de beauté qui défie notre imagination.

Le royaume caché des plantes carnivores

Les plantes carnivores représentent une évolution extraordinaire de la flore, s'adaptant aux sols pauvres en nutriments en capturant les insectes. La Dionaeamuscipula, communément appelée sarracénie, en est un exemple notable.

Ses feuilles modifiées se transforment en pièges sensibles, prêts à se fermer rapidement dès qu'un insecte marche sur leur surface. Cette action se produit en une fraction de seconde, emprisonnant la proie à l'intérieur de la feuille qui va ensuite la digérer, apportant ainsi à la plante les nutriments essentiels à sa survie.

L'extraordinaire découverte des exoplanètes

En plus de notre système solaire, la recherche astronomique a révélé des milliers d'exoplanètes, appelées exoplanètes. Parmi ces découvertes, se distingue la planète HD 189733b, caractérisée par des phénomènes météorologiques uniques. Ici, la pluie n'est pas faite d'eau, mais de verre en fusion !

Les conditions atmosphériques extrêmes génèrent des vents intenses qui transportent le verre en fusion dans l'atmosphère, tandis que les températures supérieures maintiennent 930°Cce verre à l'état liquide, un phénomène étranger et fascinant.

Lumière plus rapide que la vitesse de la lumière

Des scientifiques, dans une expérience menée en Allemagne, ont démontré la possibilité de faire voyager la lumière plus rapidement que sa vitesse « normale », grâce à l'utilisation d'un phénomène connu sous le nom de « transmission supraluminale ».

Cette expérience ne brise pas les théories de la relativité d'Einstein mais ouvre la porte à des possibilités surprenantes sur la manipulation de la lumière. Cette découverte prometteuse suggère de nouvelles approches pour les technologies futures, ouvrant la voie à des innovations révolutionnaires.

Le caractère unique de l'ADN

L'ADN, la structure fondamentale qui transporte l'information génétique, est extraordinairement unique à chaque individu. Si nous devions extraire tout l'ADN présent dans chaque cellule du corps humain et l'étirer en un seul brin, la longueur résultante pourrait s'étendre sur une distance équivalente à plus de 6 000 fois la distance entre la Terre et la Lune. Ce niveau extraordinaire de diversité et de complexité met en évidence l'extraordinaire singularité de chaque individu dans son patrimoine génétique.

L'incroyable résilience du Tardigrade

Les tardigrades, également connus sous le nom d'« ours d'eau », sont des créatures microscopiques incroyablement résistantes. Malgré leur petite taille, ils peuvent survivre à des conditions environnementales extrêmes, telles que des températures proches du zéro absolu ou une chaleur torride. Ils peuvent résister aux radiations mortelles et même à la pression des océans les plus profonds.

Lorsque les conditions environnementales deviennent extrêmes, le tardigrade entre dans un état appelé cryptobiose, ralentissant son métabolisme à 0,01 % de la normale, attendant patiemment le retour des conditions favorables.

Le mystère fascinant des forêts tropicales

Les forêts tropicales humides sont comme des trésors vivants de biodiversité, étant considérées comme l'un des écosystèmes les plus riches et les plus complexes de la planète. Chose incroyable, on estime qu'environ 50 % de toutes les espèces végétales et animales de la planète résident dans les forêts tropicales, alors qu'elles n'occupent qu'environ 6 à 7 % de la surface de la Terre.

Ces forêts constituent un système écologique complexe dans lequel chaque plante, animal et organisme interagit dans un équilibre délicat. La grande variété d'arbres, d'arbustes, de plantes grimpantes, d'insectes, de reptiles, d'amphibiens et d'oiseaux qui y vivent constitue un réseau complexe et interdépendant qui contribue à la vitalité de la planète

Les secrets des océans

Les océans sont un monde inexploré et mystérieux. Moins de 5 % des mers ont été explorées, les profondeurs océaniques cachent des secrets inimaginables : des montagnes sous-marines plus hautes que les Alpes, des canyons plus profonds et des vallées sous-marines encore plus grandes que les Grands Canyons terrestres.

Les créatures marines qui habitent ces profondeurs sombres sont tout aussi extraordinaires. En 2018, le « Calypso Deep » a été découvert, le point le plus profond de l'océan Indien, avec une profondeur de plus de 7.000 mètres. Ce monde sous-marin est un lieu de découverte et d'émerveillement continus, offrant de nouvelles perspectives et des créatures incroyables prêtes à être découvertes et étudiées

Le phénomène des aurores polaires

Les aurores polaires, également connues sous le nom d'« aurores boréales » dans l'hémisphère nord et d'« aurores boréales » dans l'hémisphère sud, sont des spectacles lumineux qui peignent le ciel nocturne.

Ces jeux de lumière colorés sont le résultat de particules chargées provenant du Soleil interagissant avec la magnétosphère terrestre, créant un spectacle extraordinaire et époustouflant.

Le mystère des particules subatomiques

Au plus petit niveau de la matière, dans le monde des particules subatomiques, règne un monde d'étrangeté. Les neutrinos, par exemple, sont des particules extrêmement légères, sans charge électrique, qui peuvent traverser la matière solide comme si elle n'existait pas.

Des milliards de neutrinos provenant du Soleil traversent continuellement notre corps sans interagir avec lui, rendant ce monde microscopique encore plus fascinant et mystérieux.

Le mystère des plantes qui communiquent

Les plantes, contrairement à ce que l'on pourrait imaginer, ont une façon incroyable de communiquer entre elles. Lorsqu'elles sont attaquées par des parasites, certaines plantes émettent des produits chimiques dans l'air pour avertir les autres plantes voisines du danger. En réponse, les plantes alertées commencent à produire des produits chimiques pour se défendre, démontrant ainsi une forme de communication qui échappe souvent à l'observation humaine.

L'incroyable capacité de régénération des étoiles de mer

Les étoiles de mer sont des créatures étonnantes, non seulement pour leur forme étoilée, mais aussi pour leur capacité à régénérer certaines parties de leur corps. Si une étoile de mer perd un bras à cause d'un prédateur ou d'un accident, elle peut le repousser complètement ! Certaines étoiles de mer peuvent même régénérer plusieurs bras à la fois.

Flamants roses : le secret de leur coloration

Les flamants roses, connus pour leur beauté et leur couleur distinctive, tirent leur incroyable teinte rose de leur alimentation riche en crustacés, notamment en crevettes. Les crustacés contiennent des caroténoïdes, des pigments naturels qui s'accumulent dans le corps des flamants roses. Ces caroténoïdes, comme l'astaxanthine, sont responsables de la couleur rose vif.

Ce qui rend les flamants roses si brillamment colorés, c'est la quantité et la concentration de ces caroténoïdes dans leurs aliments, qui s'accumulent dans leur système et se manifestent dans la teinte distinctive de leurs plumes, leur donnant leur couleur rose distinctive et charmante.

L'enchantement des constellations

Les constellations représentent des groupes d'étoiles qui forment des images ou des figures vues de la Terre. De nombreuses cultures ont créé des mythes, des légendes et des récits autour de ces figures célestes, leur attribuant différentes significations. Par exemple, la constellation de la Grande Ourse est l'une des constellations les plus connues et les plus facilement reconnaissables du ciel nocturne.

Il a été une source d'inspiration pour des histoires et des légendes dans de nombreuses traditions culturelles, créant un lien fascinant entre les étoiles et la riche tapisserie des récits humains. Les constellations continuent de fasciner et d'alimenter l'imagination, offrant un pont entre le cosmos et la créativité humaine.

La magie des cristaux

Les cristaux représentent des structures solides formées de substances particulières qui se solidifient de manière hautement ordonnée et symétrique. Ces objets naturels possèdent également des caractéristiques physiques et chimiques uniques. Certains cristaux, comme le quartz, ont des propriétés particulières, comme la capacité de générer de l'énergie électrique ou de vibrer à des fréquences constantes.

Ces caractéristiques ont fait des cristaux une partie intégrante de nombreuses technologies modernes, telles que les montres à quartz et les appareils électroniques. De plus, les cristaux fascinent l'humanité depuis des siècles par leur beauté et leur variété de formes et de couleurs, suscitant l'admiration et l'intérêt dans de multiples domaines scientifiques et artistiques.

L'incroyable adaptation des caméléons

Les caméléons sont remarquables non seulement par leur capacité à changer de couleur, mais aussi par la structure de leur corps. Leur langue extensible est l'une des plus rapides du monde animal : ils peuvent la lancer hors de leur corps à une vitesse telle qu'ils capturent des proies jusqu'à deux fois la longueur de leur corps !

De plus, leurs yeux peuvent bouger indépendamment les uns des autres, ce qui leur permet de regarder à plusieurs endroits à la fois sans bouger la tête. Ces incroyables adaptations leur permettent de survivre et de chasser avec succès dans leur environnement.

Le mystère des requins qui dorment en nageant

Les requins sont des créatures extraordinaires, même dans leur sommeil. Non seulement ils ne ferment jamais les yeux, mais certains continuent à nager même pendant leur sommeil. Ce type de nage « sans but » est connu sous le nom de « nage autonome » et a été observé chez certaines espèces, comme le grand requin blanc.

Alors que certains requins se déplacent lentement lorsqu'ils se reposent, d'autres peuvent maintenir une certaine vitesse de croisière pour permettre à l'eau de circuler dans leurs branchies et de respirer doucement.

La mémoire exceptionnelle des éléphants

La mémoire des éléphants est vraiment étonnante. Non seulement ils se souviennent des itinéraires et des sources de nourriture, mais ils peuvent également se remémorer des expériences passées, telles que des endroits dangereux ou des rencontres avec des prédateurs, pour protéger leur meute.

Ils sont capables de reconnaître d'autres éléphants pendant des décennies et peuvent maintenir des liens sociaux avec des individus spécifiques tout au long de leur vie, démontrant un haut degré d'intelligence et une incroyable empathie.

Le monde merveilleux des plantes carnivores terrestres

Les plantes carnivores terrestres aiment la Nepenthes non seulement pour attraper des insectes pour se nourrir, mais ont également développé des relations symbiotiques avec des créatures telles que les fourmis. Les fourmis se nourrissent des restes d'insectes capturés à l'intérieur des feuilles de Nepenthes et, en retour, protègent la plante des prédateurs potentiels. Cette relation symbiotique est un exemple fascinant de connexions évolutives et d'adaptations entre différentes espèces.

L'extraordinaire résilience des geckos

Les geckos ont une capacité unique à adhérer aux surfaces, grâce aux minuscules poils sur leurs pattes qui utilisent la force de Van der Waals. Ces petits reptiles peuvent marcher sur les plafonds, les vitres et même sous les encadrements de portes, démontrant une extraordinaire capacité d'adaptation et de déplacement.

Le monde incroyable des fourmis coupeuses de feuilles

Les fourmis coupeuses de feuilles sont d'extraordinaires agricultrices du milieu naturel. Ils collectent des feuilles et d'autres matières végétales pour faire pousser un type particulier de champignon à l'intérieur de leurs nids.

Non seulement ce champignon est la principale source de nourriture de la colonie, mais les fourmis en prennent soin avec soin, éliminant les moisissures et les parasites, tout comme le ferait un agriculteur avec une récolte précieuse.

Le mystérieux écosystème des sources hydrothermales océaniques

Les sources hydrothermales océaniques, situées au plus profond des océans, sont des environnements incroyablement riches en vie. Ici, la température de l'eau peut dépasser les températures 400°Cet les conditions semblent hostiles à la vie.

Cependant, des organismes tels que les vers tubicoles, les crustacés et les bactéries sont adaptés à ces conditions extrêmes, faisant de ces sources un écosystème unique et fascinant.

L'énigme des trous noirs dans le cosmos

Les trous noirs sont l'un des mystères les plus grands et les plus fascinants de l'univers. Ils se forment lorsqu'une étoile s'effondre sur elle-même et que la gravité devient si forte qu'elle plie l'espace et le temps.

L'attraction gravitationnelle d'un trou noir est si forte que même la lumière ne peut s'en échapper, ce qui les rend invisibles. Les scientifiques continuent d'étudier ces objets pour mieux comprendre leur impact sur l'univers.

La fascinante communication des baleines

Les baleines sont connues pour leurs formes complexes de communication. Les baleines chantent des chansons qui peuvent durer des heures, en utilisant un langage sonore considéré comme une forme de communication entre elles.

Ces « chants » peuvent être entendus par d'autres baleines à des kilomètres de distance, offrant ainsi un incroyable mode de communication longue distance.

L'incroyable résilience des lichens

Les lichens sont des organismes composés d'une symbiose entre des champignons et des algues ou cyanobactéries. Ils sont capables de survivre dans des conditions extrêmes, comme des climats froids, chauds, secs ou même spatiaux ! Des études récentes ont montré que certains lichens exposés dans l'espace, sur la surface externe de la Station spatiale internationale, se sont avérés capables de survivre et de s'adapter à l'environnement extraterrestre.

La danse des étoiles binaires

Les étoiles binaires font souvent l'objet d'un spectacle cosmique : lorsque deux étoiles gravitent autour du centre de gravité commun, un scénario d'une grande beauté et complexité se crée. Selon la distance et la taille des étoiles impliquées, certaines paires d'étoiles binaires peuvent présenter un comportement fascinant.

Certains systèmes binaires sont si proches que les étoiles s'étirent en raison de la gravité l'une de l'autre, se transformant en deux « œufs » stellaires, tandis que d'autres peuvent être si proches qu'elles échangent de la matière grâce à un flux constant de gaz.

Le phénomène des aurores boréales sur Terre
Les aurores boréales, également appelées « aurores boréales », peignent le ciel nocturne des régions polaires de couleurs vibrantes. Ce spectacle est le résultat de l'interaction entre les particules chargées provenant du Soleil et le champ magnétique terrestre.

Lorsque ces particules entrent en collision avec des atomes de l'atmosphère terrestre, elles émettent de la lumière, créant une aurore aux teintes vertes, roses, violettes et rouges. Les aurores boréales sont un phénomène spectaculaire qui enchante et inspire tous ceux qui ont la chance de les observer.

L'histoire évolutive fascinante des polypes coralliens

Les polypes coralliens, responsables de la construction des récifs coralliens, ont une histoire évolutive fascinante. On pense qu'ils ont des origines anciennes et ont subi peu de changements au fil des millions d'années. Ces petits organismes apparemment simples ont construit les structures incroyables et complexes des récifs coralliens, qui comptent parmi les écosystèmes les plus divers et les plus vitaux de la planète, fournissant abri et nourriture à un large éventail d'espèces marines.

L'incroyable mimétisme des caméléons marins

Les caméléons marins, comme le poisson feuille, sont passés maîtres dans l'art du mimétisme. Ces poissons, à l'apparence de feuilles, s'intègrent parfaitement au milieu marin environnant.

Cette capacité de camouflage sert non seulement de mécanisme de défense contre les prédateurs, mais leur permet également de se rapprocher de leurs proies sans se faire remarquer. Leur camouflage est si efficace qu'ils peuvent apparaître comme faisant partie intégrante de la végétation marine, ce qui les rend difficiles à repérer même pour les yeux les plus attentifs.

Le mystère des « étoiles jumelles » de la Voie Lactée

Les « étoiles jumelles » constituent une énigme fascinante au sein de la Voie Lactée. Ces étoiles apparemment identiques présentent des différences dans leur composition chimique.

Les astronomes étudient attentivement ces différences, car elles fournissent des informations précieuses sur la formation des étoiles et leurs variations au sein de notre galaxie. L'observation des « étoiles jumelles » offre un aperçu plus détaillé des processus cosmiques et de la diversité stellaire au sein de la Voie lactée.

Le mystère des rivières souterraines

Certaines rivières ont un cours qui s'étend également sous la surface de la terre, traversant des réseaux complexes de grottes et de cavités souterraines. Ces rivières souterraines représentent un monde caché, avec des ruisseaux qui plongent sous terre pour parcourir de longues distances avant de réapparaître.

Un exemple notable est la rivière Stikine au Canada, qui s'enfonce sous terre sur environ 10 chilomètres avant de réapparaître à la surface, offrant un spectacle d'imprévisibilité et de beauté naturaliste.

L'incroyable résistance des organismes extrémophiles

Les organismes extrémophiles sont des créatures extraordinaires qui prospèrent dans des environnements extrêmes, où de nombreuses formes de vie ne survivraient pas.

Certaines bactéries, par exemple, peuvent survivre dans des environnements hypersalins ou à des températures extrêmes, tandis que les tardigrades, appelés « ours d'eau », peuvent survivre à des températures proches du zéro absolu ou à des chaleurs extrêmes. Ces organismes extrémophiles nous en apprennent beaucoup sur la résilience et l'adaptabilité de la vie dans les conditions les plus extrêmes de notre planète.

Le secret des bulles de savon

Les bulles de savon, en plus d'être fascinantes à observer, cachent un secret de physique. Leur forme sphérique est le résultat d'une parfaite combinaison de forces.

La tension superficielle tend à réduire la surface de la bulle au minimum, tandis que la pression interne, donnée par l'air emprisonné à l'intérieur, exerce une force qui maintient la forme sphérique. L'étude des bulles de savon permet de mieux comprendre les concepts physiques de tension superficielle et de pression.

Le mystère des trous de ver dans l'espace-temps

Selon la théorie de la relativité d'Einstein, les trous de ver sont des ponts hypothétiques dans l'espace-temps qui pourraient relier deux points éloignés de l'univers. Bien qu'elles n'existent que sous forme d'hypothèses théoriques, la possibilité de telles structures spatio-temporelles ouvrirait d'incroyables opportunités de voyages interstellaires, si leur existence était un jour confirmée.

La singularité des forêts d'arbres millénaires
Les forêts qui abritent des arbres millénaires, comme la forêt de pins de Bristlecone en Californie, sont des trésors naturels. Certains arbres de ces forêts ont vécu des milliers d'années, résistant à des conditions climatiques extrêmes et offrant une occasion unique d'étudier la longévité et l'adaptation des plantes.

Le pouvoir de l'écosystème de la mangrove
Les mangroves sont des écosystèmes côtiers exceptionnels. Leurs racines protègent les côtes de l'érosion et abritent un large éventail d'espèces marines. Les mangroves jouent un rôle vital dans la biodiversité marine et contribuent à la conservation des habitats côtiers.

L'histoire des étoiles filantes

Les « étoiles filantes » sont des météores qui brûlent dans l'atmosphère terrestre, créant des traînées de lumière spectaculaires dans le ciel nocturne. Ce phénomène se produit lorsqu'il la Terre croise des résidus de comètes ou d'astéroïdes, offrant un spectacle céleste fascinant et romantique, qui a toujours été source de légendes et de souhaits exprimés lors des nuits étoilées.

Le fascinant cycle de vie des papillons

Le cycle de vie des papillons, avec sa métamorphose complète, est un exemple extraordinaire de transformation biologique. De l'œuf aux chenilles, en passant par la phase chrysalide, jusqu'à la transformation finale en papillon, ce processus surprend et fascine, offrant un aperçu unique de la nature et de sa capacité à se régénérer.

Le mystère des trous noirs supermassifs

Les trous noirs supermassifs situés au centre de nombreuses galaxies font l'objet d'intenses recherches scientifiques. Ces objets incroyablement denses et massifs peuvent influencer la structure des galaxies environnantes et façonner le destin de l'univers. Les comprendre est essentiel pour mieux comprendre l'évolution cosmique.

La curieuse physique des sons dans la nature
La nature regorge de sons fascinants, comme les chants des baleines, le grondement du tonnerre et le bruissement du vent dans les feuilles des arbres. Chaque son raconte une histoire unique, représentant des phénomènes naturels extraordinaires qui nous entourent et nous enchantent chaque jour.

Le phénomène des mystérieux lacs souterrains

Certains lacs peuvent être trouvés cachés au fond de grottes ou de cavités souterraines, ce qui rend leur apparition un phénomène mystérieux et fascinant.

Par exemple, le lac Lost, dans l'Oregon, semble disparaître de façon saisonnière, lorsque le flux d'eau qui l'alimente se cache sous terre. Ce scénario fascinant offre une vue spectaculaire, dans laquelle la surface du lac semble littéralement disparaître, créant un paysage unique et énigmatique.

L'extraordinaire diversité des coraux

Les coraux sont des organismes incroyablement diversifiés qui forment des récifs coralliens complexes et dynamiques. La Grande Barrière de Corail, située au large des côtes australiennes, est un exemple spectaculaire de cette diversité.

Ces organismes construisent des squelettes élaborés de carbonate de calcium, créant ainsi un environnement riche en couleurs et en vie. Avec plus de 2 900 récifs individuels et 900 îles, cette structure est même visible depuis l'espace !

Le charme des plantes succulentes

Les plantes succulentes sont adaptées pour survivre dans des environnements arides et secs, stockant de l'eau dans leurs feuilles ou leurs tiges. Les cactus et les aloès sont des exemples courants de plantes succulentes.

Ces plantes possèdent des adaptations extraordinaires qui leur permettent de résister à des conditions environnementales extrêmes, conservant efficacement l'eau pour survivre dans les déserts et environnements similaires.

La merveille des sables mouvants

Les dunes de sable mouvantes sont des formations dynamiques créées par le vent. Ces dunes s'accumulent et se déplacent grâce aux forces du vent, créant des formes extraordinaires et des paysages changeants comme dans le désert du Sahara. Le mouvement incessant du sable produit un spectacle naturel époustouflant, continuellement modifié par la force de la nature.

Le mystère des pluies animales

Les « pluies d'animaux » sont des phénomènes extraordinaires dans lesquels des créatures telles que des poissons, des grenouilles ou des insectes semblent tomber du ciel lors de fortes pluies ou de tornades. Ces événements, documentés dans différentes parties du monde, représentent encore une énigme pour la science.

Les théories concernent d'éventuels phénomènes météorologiques qui conduisent à des animaux transportés puis déposés par de forts courants d'air.

La puissance des volcans sous-marins

Les volcans sous-marins sont des géants cachés dans les profondeurs des océans. Leur activité éruptive peut donner naissance à des îles ou à des chaînes de montagnes sous-marines. Ces volcans ont un impact important sur l'écosystème marin, offrant un habitat unique à une variété d'espèces marines adaptées aux conditions extrêmes.

La danse des lucioles

Les lucioles sont des insectes nocturnes qui produisent une lumière froide appelée bioluminescence. Ces petits êtres émettent des signaux lumineux pour attirer les partenaires pendant la période d'accouplement. Leur danse lumineuse crée un spectacle naturel fascinant et romantique, égayant les nuits d'été dans de nombreuses régions du monde.

L'extraordinaire force des fourmis tisserandes

Les fourmis tisserandes sont d'incroyables architectes du règne animal. En utilisant des feuilles, des pétales ou d'autres matières végétales, ils créent d'énormes nids tissés. Ces nids, souvent situés dans les arbres, peuvent être réparés ou modifiés pour répondre aux besoins de la colonie, démontrant une forme complexe d'organisation sociale.

La vie fascinante des tortues marines

Les tortues marines effectuent d'incroyables migrations tout au long de leur cycle de vie. Des sites de nidification aux aires d'alimentation, ces créatures parcourent d'énormes distances à travers les océans, naviguant dans les eaux avec une extraordinaire capacité d'orientation, basée sur des souvenirs et des instincts anciens.

Le mystère des « pierres qui marchent »

Dans le désert de la Vallée de la Mort, certains rochers se déplacent apparemment tout seuls, laissant derrière eux de longues traînées. Ce phénomène énigmatique, connu sous le nom de « pierres qui marchent », fait l'objet de spéculations et de mystères depuis des années.

Des études récentes ont émis l'hypothèse que ces roches se déplacent grâce à la glace qui se forme autour d'elles pendant les nuits froides, les déplaçant lentement sur la surface sablonneuse du désert.

Le phénomène de régénération des étoiles de mer

Les étoiles de mer ont l'incroyable capacité de régénérer certaines parties de leur corps. Si une étoile de mer perd un bras à cause d'un prédateur ou d'un accident, elle peut le régénérer complètement. Dans certains cas, si l'animal perd plus d'un bras, il peut même régénérer tout un corps à partir d'un seul bras restant.

L'énigme des Rolling Stones

Dans diverses régions du monde, on a observé des pierres qui semblent rouler toutes seules, laissant des rainures derrière elles. Ce phénomène, appelé « pistes mystérieuses », se retrouve par exemple dans la Death Valley, en Californie. Les hypothèses varient de courants d'air particuliers à la formation de glace autour des pierres lors des nuits froides.

L'incroyable mimétisme des poulpes

Les poulpes sont passés maîtres dans l'art du mimétisme. Ces invertébrés peuvent changer de couleur, de texture et même de forme pour se fondre dans leur environnement. Cette capacité de camouflage est utilisée à la fois pour échapper aux prédateurs et pour se camoufler afin de chasser leurs proies.

Le pouvoir de la photosynthèse chez les plantes

La photosynthèse est un processus vital pour les plantes, dans lequel elles convertissent la lumière du soleil en énergie chimique pour alimenter leur croissance. En plus de produire de l'oxygène, ce processus permet aux plantes d'absorber le dioxyde de carbone et de se nourrir de l'eau du sol, constituant ainsi la base de l'ensemble de l'écosystème terrestre.

La capacité de mémoire exceptionnelle des éléphants

Les éléphants sont connus pour leur mémoire exceptionnelle. Ils peuvent se souvenir de lieux, d'individus et d'itinéraires même après de nombreuses années, et faire preuve d'empathie et de solidarité entre les membres de leur groupe social.

Le mystère des colonies de champignons

Les colonies fongiques, comme le « mycélium géant » de l'Oregon, représentent l'un des plus grands organismes de la planète. Ces champignons peuvent s'étendre sur de vastes zones souterraines, former des réseaux complexes et jouer un rôle fondamental dans l'écosystème forestier.

La capacité de navigation des oiseaux migrateurs

Les oiseaux migrateurs effectuent des voyages incroyables sur de longues distances au cours de leurs migrations. On pense qu'ils utilisent plusieurs méthodes d'orientation, notamment le champ géomagnétique terrestre, le soleil, les étoiles et même les signaux célestes, démontrant ainsi une capacité de navigation extraordinaire.

La fascinante bioluminescence marine

La bioluminescence est une propriété de certains organismes marins qui produisent de la lumière par des réactions chimiques. Ce spectacle naturel, que l'on peut observer chez des créatures telles que les méduses, le plancton ou les poissons, crée un effet de lumière extraordinaire dans les océans la nuit.

La communication complexe des abeilles

Les abeilles sont capables de communiquer des informations détaillées à leurs compagnons de colonie grâce à des mouvements corporels complexes et à la production de produits chimiques. Cette communication est cruciale pour indiquer la direction et la distance des sources de nourriture.

L'incroyable résilience des cellules souches

Les cellules souches sont étonnantes dans la mesure où elles ont la capacité de se transformer en différents types de cellules spécialisées au sein du corps humain. Ils sont essentiels au processus de guérison et au maintien de la santé et de la régénération des tissus du corps.

L'extraordinaire capacité des tortues géantes des Galapagos

Les tortues géantes des Galapagos, connues pour leur longévité et leur taille, ont fait preuve d'une résilience remarquable au fil des siècles. Ces tortues peuvent survivre de longues périodes sans nourriture ni eau, stockant des réserves de graisse et d'eau dans leurs épaisses carapaces.

Leur capacité à s'adapter à des conditions environnementales extrêmes a contribué à leur survie malgré les défis environnementaux et les changements dans leur habitat.

Le phénomène de la pluie de sang

Les « pluies de sang » sont un phénomène météorologique rare où la pluie semble tomber en gouttelettes teintées de rouge. Ce phénomène peut se produire lorsque du sable ou de la poussière sont soulevés dans l'atmosphère par des vents forts, interagissant avec des particules d'oxyde de fer, créant l'illusion d'une pluie couleur sang.

La résistance exceptionnelle des lézards du désert

Les lézards du désert, comme le lézard cornu, ont développé d'incroyables adaptations pour survivre dans des environnements extrêmement chauds et arides. Ces lézards sont capables de réguler leur température corporelle grâce à de petites structures cutanées qui éliminent la chaleur.

De plus, ils peuvent recueillir l'humidité de la rosée ou des petites gouttelettes d'eau, ce qui leur permet de survivre dans des déserts hostiles.

Le mystère des pierres équilibrées

Dans divers endroits du monde, on peut trouver des pierres qui semblent être en équilibre précaire sans tomber. Ce phénomène, connu sous le nom de « pierres équilibrées », est le résultat de l'érosion éolienne ou fluviale qui donne aux roches des formes inhabituelles, créant l'illusion d'optique que les pierres sont en équilibre tout en étant stables.

L'incroyable adaptation des organismes aux sources hydrothermales

Les sources hydrothermales océaniques sont des environnements extrêmes, caractérisés par des températures et des pressions élevées, mais riches en minéraux. Malgré les conditions extrêmes, ces zones contiennent des écosystèmes surprenants qui hébergent des organismes adaptés à vivre dans ces conditions, comme des vers tubicoles, des crustacés et des bactéries spécialisées qui tirent leur énergie des processus chimiques plutôt que de la photosynthèse.

La complexité des systèmes de grottes souterraines

Les cavernes souterraines représentent des mondes cachés et complexes. Ces systèmes souterrains peuvent abriter des stalactites, des stalagmites et des formations rocheuses uniques, formées par des millénaires d'érosion et de dépôts minéraux. Certaines grottes, comme le Mammoth Cave System aux États-Unis, s'étendent sur des centaines de kilomètres sous la surface de la Terre.

L'extraordinaire diversité des algues marines

Les algues marines sont des organismes multicellulaires qui jouent un rôle crucial dans les écosystèmes marins. Il existe plus de 20 000 espèces d'algues marines, qui varient en forme, couleur et fonction. Certaines algues produisent de l'oxygène, tandis que d'autres fournissent de la nourriture et un habitat à un large éventail de créatures marines.

Le caractère unique des forêts pluviales tempérées

Les forêts pluviales tempérées, comme celles de la région de la Colombie-Britannique au Canada, sont des écosystèmes uniques et riches en biodiversité. Ces forêts sont caractérisées par des arbres majestueux, comme des sapins et des cèdres géants, qui constituent un habitat vital pour de nombreuses espèces animales, créant un environnement luxuriant et fascinant.

L'art des fourmis coupeuses de feuilles

Les fourmis coupeuses de feuilles sont d'incroyables agriculteurs dans le règne animal. Ils collectent des feuilles et d'autres matières végétales pour faire pousser un champignon à l'intérieur de leurs nids, qui constitue la principale source de nourriture de la colonie.

Ces fourmis ont développé un système de culture complexe qui comprend la gestion des maladies fongiques et le nettoyage de leurs jardins souterrains.

La merveille des jardins de coraux sous-marins

Les jardins de coraux sous-marins sont des écosystèmes extraordinairement diversifiés et cruciaux pour la santé des océans. Les coraux, avec leurs structures calcaires, constituent un habitat vital pour une variété de poissons, mollusques et autres créatures marines. Ces jardins sont souvent appelés « forêts océaniques tropicales » en raison de leur extraordinaire biodiversité et de leur importance pour la vie marine.

L'énigme des arches en pierre naturelle

Les arches en pierre naturelle représentent de majestueuses formations géologiques sculptées par des millénaires d'érosion. Ces arches sont le résultat de l'action constante du vent, de l'eau et des changements climatiques qui, au fil du temps, ont façonné les roches en structures d'apparence extraordinaire.

La Stone Arch de l'Utah est l'un des exemples les plus célèbres de ce phénomène, avec une arche naturelle massive et parfaitement courbée. Les conditions climatiques et les caractéristiques des roches contribuent à la formation de ces structures géologiques uniques, et leur beauté attire des visiteurs du monde entier, témoins en constante évolution des processus naturels qui façonnent la terre.

La curieuse vie des paresseux

Les paresseux sont des mammifères fascinants connus pour leur mode de vie distinctif. Ils passent la majeure partie de leur vie dans les arbres, se déplaçant lentement et se nourrissant principalement de feuilles. Leur lenteur est une adaptation stratégique qui leur permet d'économiser de l'énergie dans un environnement où la nourriture peut être rare. Leur basse température corporelle et leur métabolisme lent contribuent à cette économie d'énergie.

Ces créatures, malgré leur nature timide, ont attiré l'attention des scientifiques et des amoureux de la nature pour leur mode de vie unique et leurs caractéristiques particulières.

L'incroyable capacité de mimétisme des papillons de nuit

Les papillons de nuit sont passés maîtres dans l'art du camouflage, une adaptation qu'ils utilisent pour échapper aux prédateurs en se camouflant dans leur environnement. De nombreuses espèces de papillons développent des ailes dont la coloration ressemble à des feuilles, de l'écorce ou d'autres éléments naturels.

Ce camouflage leur offre une protection cruciale contre les prédateurs, leur permettant de se fondre parfaitement dans leur environnement et d'échapper aux prédations.

Le pouvoir des forêts de mangrove

Les forêts de mangroves sont des écosystèmes côtiers riches en biodiversité et jouent un rôle vital dans l'écosystème marin. Ces forêts, adaptées à la vie dans les zones côtières à marée, sont constituées d'arbres et d'arbustes adaptés à la salinité.

Les racines aériennes et les feuilles de ces plantes servent de pépinières à de nombreuses espèces de poissons, fournissant un environnement vital pour l'incubation des œufs et la protection des jeunes poissons. De plus, les mangroves contribuent à protéger les côtes de l'érosion et fournissent un habitat à un large éventail de créatures, ce qui en fait des écosystèmes essentiels et délicats.

La complexité des écosystèmes des prairies

Les prairies sont des écosystèmes terrestres extrêmement diversifiés, caractérisés par de grandes plaines couvertes de graminées, de plantes à fleurs et d'arbustes. Ces écosystèmes abritent un large éventail de faune, notamment des bisons, des antilopes, des rongeurs et une myriade d'oiseaux.

Les prairies jouent un rôle crucial dans le cycle naturel du carbone, stockant de grandes quantités de carbone dans le sol et contribuant ainsi au budget carbone mondial.

Le mystère de la vie dans les profondeurs de la mer

Les profondeurs océaniques cachent des formes de vie extraordinaires, adaptées pour vivre dans des environnements extrêmes de pression et d'obscurité. Des créatures telles que des poissons sans yeux, des invertébrés aux formes bizarres et des créatures gélatineuses sont adaptées pour survivre dans un environnement où les ressources sont rares et les conditions extrêmes.

Ces formes de vie ont développé des adaptations uniques qui leur permettent de survivre et de prospérer dans les profondeurs marines inexplorées.

La magie des phénomènes optiques comme l'arc-en-ciel

L'arc-en-ciel est un phénomène optique qui a toujours enchanté l'humanité. Ce spectacle naturel est le résultat de la réfraction et de la dispersion de la lumière solaire à travers les gouttelettes d'eau en suspension dans l'atmosphère.

L'arc-en-ciel apparaît comme un arc multicolore dans le ciel après les pluies, apportant joie et émerveillement à quiconque l'observe. Sa beauté éphémère et son symbolisme ont inspiré des mythes et des légendes dans de nombreuses cultures à travers le monde.

Le fascinant cycle de vie des papillons

Le cycle de vie des papillons est un processus extraordinaire et fascinant. Cela commence par la ponte, lorsque les papillons femelles pondent leurs œufs sur les feuilles ou les fleurs. Les œufs éclosent et donnent naissance à des larves, mieux connues sous le nom de chenille, qui se nourrissent constamment de feuilles et grandissent rapidement.

Par la suite, les larves se transforment en chrysalides, où se produit la métamorphose, pour finalement émerger sous forme de papillons adultes. Ce cycle de vie est un exemple étonnant de transformation et d'adaptation.

La complexité des réseaux trophiques marins
Les réseaux trophiques marins sont complexes et fragiles, avec un large éventail d'espèces interconnectées. Les réseaux alimentaires vont des nutriments du plancton aux baleines, des prédateurs océaniques tels que les requins aux organismes mangeurs de débris. Ces réseaux alimentaires sont sensibles aux changements et aux perturbations environnementales, et un petit changement à un niveau peut affecter l'ensemble de l'écosystème marin.

Le mystère des plantes épiphytes des forêts tropicales

Les plantes épiphytes sont des espèces végétales fascinantes qui poussent au-dessus d'autres plantes sans les parasiter. On les trouve souvent dans les forêts tropicales, où ils utilisent les arbres comme support pour accéder à la lumière du soleil.

Les orchidées, les broméliacées et les fougères sont des exemples de plantes épiphytes qui créent un spectacle unique et fascinant dans le sous-étage de la forêt tropicale. Ces plantes jouent un rôle essentiel dans l'écosystème, fournissant un habitat à une variété de créatures et contribuant à la diversité des forêts tropicales.

L'énigme des étoiles à neutrons

Les étoiles à neutrons sont d'incroyables restes d'étoiles qui ont explosé en supernovae. Ils sont extrêmement denses, avec une masse supérieure à celle du Soleil, mais comprimés dans un volume incroyablement petit.

Ces étoiles ont une gravité extraordinairement élevée : une cuillère à café de matière provenant d'une étoile à neutrons pèserait des milliards de tonnes sur Terre. Les étoiles à neutrons possèdent également des champs magnétiques intenses qui génèrent des émissions de rayonnements, ce qui en fait des objets d'étude importants pour les astronomes.

Les mystères des trous noirs supermassifs

Les trous noirs supermassifs résident au centre des galaxies et peuvent avoir des masses des millions ou des milliards de fois supérieures à celle du Soleil.

Leur gravité est si forte que rien, pas même la lumière, ne peut s'échapper de leur horizon des événements. On pense que ces trous noirs colossaux jouent un rôle crucial dans la formation et l'évolution des galaxies, influençant leur structure et la répartition des étoiles à l'intérieur.

La danse fascinante des galaxies

Les galaxies, énormes conglomérats d'étoiles, de gaz et de poussière cosmique, ne sont pas des entités statiques, mais se déplacent dans l'espace dans une danse cosmique. Grâce à l'attraction gravitationnelle mutuelle, les galaxies peuvent interagir, fusionner ou même se déchirer.

Ces processus, qui se produisent sur d'immenses échelles de temps, façonnent le paysage cosmique et influencent la structure de l'univers.

La découverte de planètes extrasolaires

Au cours des dernières décennies, la découverte de planètes situées en dehors de notre système solaire, appelées planètes extrasolaires ou exoplanètes, a révolutionné notre compréhension de l'univers. Les astronomes utilisent diverses techniques, comme le transit ou l'observation directe, pour repérer ces planètes en orbite autour d'autres étoiles.

L'identification d'exoplanètes, dont certaines pourraient avoir des caractéristiques semblables à celles de la Terre, a alimenté la recherche de mondes potentiellement habitables et soulevé des questions fondamentales sur notre place dans l'univers.

L'hypothèse de la matière noire

La matière noire est l'un des plus grands mystères de l'univers. Il n'émet ni ne reflète la lumière, il n'est donc pas directement observable, mais ses effets gravitationnels sont évidents dans des phénomènes tels que la courbure de la lumière, la rotation des galaxies et le mouvement des étoiles au sein des galaxies elles-mêmes. On estime que la matière noire représente environ 27 % de la masse-énergie de l'univers, mais sa véritable nature et sa composition restent des énigmes fascinantes qui continuent d'intriguer les scientifiques.

Ces phénomènes célestes ouvrent les portes de nouveaux horizons de connaissance et représentent des défis passionnants pour les scientifiques cherchant à mieux comprendre l'univers et sa complexité.

Le mystère de Neptune et ses incroyables tempêtes

Neptune, la planète extérieure de notre système solaire, est un monde caractérisé par des vents extrêmement rapides et des tempêtes furieuses. L'une de ses caractéristiques les plus distinctives est la Grande tache sombre, une tempête massive qui s'étend sur des milliers de kilomètres.

Cette région chaotique de Neptune présente des tourbillons atmosphériques tumultueux et des vents qui soufflent à des vitesses supérieures à une 2.000 chilomètres heure. L'étude de ces tempêtes aide les scientifiques à mieux comprendre la dynamique atmosphérique et les phénomènes météorologiques sur les planètes extérieures.

La lune la plus grande et la plus mystérieuse de Jupiter : Ganymède

Ganymède, la plus grande lune de Jupiter et du système solaire, est un monde intrigant et mystérieux. Il est plus grand que la planète Mercure et est le seul satellite doté de son propre champ magnétique. Sa surface est marquée par des caractéristiques géologiques uniques, notamment des vallées, des cratères et des plaines de glace.

Ganymède pourrait posséder un océan souterrain, ce qui en ferait un lieu d'intérêt pour la recherche d'une vie extraterrestre potentielle au sein de notre système solaire.

L'histoire fascinante de Vénus et son atmosphère étouffante

Vénus, la deuxième planète après le Soleil, possède une atmosphère extrêmement dense et oppressante. La pression à la surface de Vénus est environ 92 fois supérieure à celle de la Terre et son atmosphère est principalement composée de dioxyde de carbone avec des traces d'acide sulfurique. La température de surface est très élevée, suffisamment chaude pour faire fondre le plomb. Malgré sa dureté, Vénus a souvent été associée à la romance en raison de sa luminosité dans le ciel nocturne.

La curieuse anomalie orbitale d'Uranus

Uranus, la septième planète à partir du Soleil, a une orbite inhabituellement inclinée par rapport au plan du système solaire. Son axe de rotation est incliné de 98 degrés par rapport au plan orbital, ce qui lui donne l'impression de rouler le long de son orbite.

Cette inclinaison particulière pourrait avoir été provoquée par une collision avec un grand corps céleste lors de sa formation, un événement qui a considérablement affecté son orbite et son axe de rotation.

Le passé mystérieux de Mars et ses caractéristiques géologiques

Mars, la quatrième planète après le Soleil, est une planète qui a suscité l'intérêt des scientifiques en raison de son histoire géologique et de la possibilité d'avoir hébergé de la vie dans le passé.

Sa surface est marquée par des cratères, des vallées, des canyons et des plaines volcaniques, témoignant d'un passé géologiquement actif. La présence d'eau passée, mise en évidence par d'anciens canaux et bassins, a alimenté les spéculations sur la possibilité d'une vie microbienne à des époques reculées, stimulant ainsi l'exploration actuelle et future de la planète rouge.

La richesse de l'or sur notre planète

L'or a toujours été considéré comme l'un des métaux les plus précieux et les plus recherchés au monde, mais quelle quantité d'or y a-t-il réellement sur Terre ? Étonnamment, la quantité totale d'or jamais extraite de la surface de la Terre, y compris les bijoux, les pièces de monnaie et les réserves, s'élève à environ 197 576 tonnes.

Pour visualiser ce chiffre, il suffit d'imaginer un immense cube doré de 21 mètres de côté : tout l'or du monde pourrait y être contenu. Malgré cette quantité apparemment considérable, elle ne représente qu'une infime fraction de la masse totale de notre planète, estimée à environ 5 972 190 000 000 000 000 000 de tonnes.

L'énergie de la foudre

La foudre est l'un des phénomènes atmosphériques les plus spectaculaires et les plus puissants, mais avez-vous déjà pensé à son énergie ? Un seul éclair peut générer une énorme quantité d'énergie, jusqu'à 1 milliard de joules. Pour vous donner une idée de sa puissance, avec cette quantité d'énergie vous pourriez alimenter une ampoule à incandescence de 100 watts pendant plus de 8 600 heures, ce qui équivaut à environ un an de lumière constante. LE

De plus, vous pouvez également chauffer environ 10 000 tasses d'eau jusqu'au point d'ébullition. Cette quantité incroyable d'énergie est le résultat de l'énorme potentiel électrique créé dans les nuages lors d'une tempête.

L'odeur de l'espace

Avez-vous déjà pensé à l'odeur que pourrait avoir l'espace ? Les astronautes qui ont effectué des sorties dans l'espace ont remarqué une odeur étrange et distinctive à leur retour dans le vaisseau spatial. Cette odeur est souvent décrite comme semblable à l'odeur du métal fraîchement soudé ou à l'odeur de l'air frais après la pluie.

On pense que cette odeur est causée par la réaction chimique entre les matériaux des combinaisons spatiales et le vide de l'espace. L'absence d'air et la composition des matériaux exposés aux conditions extrêmes de l'espace créent ce curieux parfum cosmique, qui rend l'expérience des sorties dans l'espace encore plus unique.

Le poids des microbes

Les microbes, notamment les bactéries et les virus, sont des organismes microscopiques qui constituent une partie essentielle de la vie sur Terre. Ce qui pourrait vous surprendre, c'est le poids qu'ils représentent. La biomasse totale des microbes dépasse celle de tous les humains et animaux réunis. Ces organismes microscopiques, s'ils étaient combinés, pèseraient environ 70 milliards de tonnes.

Ce chiffre dépasse de loin le poids de tous les humains et animaux de la planète, estimé à environ 2 milliards de tonnes. En d'autres termes, la vie microscopique domine l'échelle de la biomasse sur Terre.

L'atmosphère unique de Vénus et son effet de serre extrême

Vénus se caractérise par une atmosphère dense composée principalement de dioxyde de carbone, avec une pression de surface élevée et des températures supérieures à 0,3 °C 450°C.

Cette atmosphère est responsable d'un intense effet de serre, où les rayons solaires sont piégés, provoquant une surchauffe de la planète et en faisant la planète la plus chaude du système solaire bien qu'elle soit la deuxième plus proche du Soleil.

Les structures tectoniques de Miranda, lune d'Uranus

Les structures tectoniques de Miranda, lune d'Uranus

Miranda est un corps céleste fascinant en raison de ses caractéristiques de surface très variées et complexes. Lorsque le vaisseau spatial Voyager 2 a survolé Uranus et ses lunes en 1986, il a renvoyé des images qui ont révolutionné notre compréhension de Miranda. Cette lune présente un ensemble de structures tectoniques qui ne ressemblent à rien de ce que l'on voit sur les autres lunes de notre système solaire. Parmi ceux-ci se trouvent de vastes canyons et des falaises imposantes, dont certaines mesurent jusqu'à 20 kilomètres de hauteur, ce qui en fait l'un des escarpements les plus hauts du système solaire.

Le phénomène des aurores sur Mars

Mars connaît des aurores, même si elles sont fondamentalement différentes des aurores sur Terre. Sur Terre, les aurores sont principalement causées par les vents solaires qui interagissent avec le champ magnétique de la planète, conduisant à de magnifiques reflets de lumière dans les régions polaires. Mars, dépourvue d'un champ magnétique global comme celui de la Terre, présente toujours des émissions aurorales.

Celles-ci sont principalement le résultat d'interactions entre les particules du vent solaire et les champs magnétiques localisés dans la croûte martienne.

Les particules chargées du vent solaire sont canalisées par ces champs magnétiques crustaux vers l'atmosphère, où elles excitent les gaz et les font briller, créant ainsi des aurores

Les plus hautes montagnes du système solaire sur Jupiter et Mars

Olympus Mons sur Mars n'est pas seulement un volcan ; c'est le volcan le plus haut et l'une des montagnes les plus colossales du système solaire. D'une hauteur d'environ 21,9 kilomètres (environ 13,6 miles), Olympus Mons éclipse le mont Everest, la plus haute montagne de la Terre au-dessus du niveau de la mer. Sa base mesure plus de 600 kilomètres (environ 373 miles) de diamètre et elle est entourée d'une falaise de plusieurs kilomètres de hauteur, témoignant de son immense ampleur.

Cependant, si l'on considère les montagnes les plus hautes par leur relief total (la hauteur de la base au sommet), la couronne revient aux Monts Maxwell sur Vénus, et non à Jupiter ou Mars. Les Maxwell Montes s'élèvent à environ 11 kilomètres (environ 7 miles) au-dessus du niveau moyen de la surface de Vénus, ce qui en fait les plus hautes montagnes de Vénus et parmi les plus hautes du système solaire lorsqu'on les mesure à partir de leur base.

La vitesse de la lumière et le voyage dans le temps

La lumière se déplace à une vitesse extraordinaire d'environ 299.792.458 mètres par seconde dans l'espace vide. Cette vitesse est si rapide que si nous pouvions voyager à la vitesse de la lumière, nous pourrions faire la Terre environ 7,5 fois le tour du monde en une seconde. La théorie de la relativité d'Einstein suggère que le voyage dans le temps pourrait être possible avec la vitesse de la lumière.

Autrement dit, plus on se rapproche de cette vitesse vertigineuse, plus le temps ralentit par rapport à ceux aux vitesses inférieures. Si nous pouvions voyager à une vitesse similaire, nous pourrions théoriquement voyager dans le futur, ouvrant ainsi la porte à des scénarios fascinants et complexes en physique des hautes énergies.

L'éternité du diamant

Le diamant est connu pour sa dureté et sa beauté, mais saviez-vous qu'il peut être incroyablement stable dans le temps ? Les diamants sont composés principalement de carbone pur et, dans de bonnes conditions de température et de pression, ils pourraient résister à l'érosion et à la disparition pendant des milliards d'années.

En fait, certains diamants trouvés sur Terre pourraient être plus anciens que la vie elle-même, offrant ainsi un aperçu de l'histoire géologique et minière de notre planète. Leur structure cristalline et leur résistance chimique en font des témoins fascinants d'époques lointaines et de géologies passées, ainsi que des objets d'une valeur et d'une beauté incommensurables pour l'humanité.

Printed by Amazon Italia Logistica S.r.l.
Torrazza Piemonte (TO), Italy

61118985R00059